仕事で眠れぬ夜に勇気をくれた言葉

田中和彦

WAVE Pocket Series

WAVE出版

仕事で眠れぬ夜に勇気をくれた言葉

はじめに

1988年7月6日。

この日のことは、どんなことがあっても忘れ去ることができない。僕が、社会人として身も心もズタズタになった日だ。

200人を超えるマスコミ関係者から、一斉に怒声を浴びせられたのだ。

それは、「リクルート事件」により、当時の江副浩正会長が辞任を発表した直後のことだ。リクルート本社のホールに駆けつけた報道陣は、当然のように記者会見を要求してきたが、会社としては「記者会見はやらない」という方針を決めていた。

そして、そのことを伝えるのが、新任の広報室課長である僕の役目だった。

「記者会見はやりませーん！」

いくら叫ぼうとも、記者たちは納得しない。

「社会的責任をどう考えているんだ！」
「子供の使いじゃないんだぞ！」
「あんた、歳はいくつだ?!」
「ふざけるな！」

結局、深夜に新社長が記者会見をすることで、事態は収まったが、自分の無力さと情けなさから、何とも言えぬ虚脱感に襲われた。

その1週間前に、人事課長だった僕は、臨時の人事異動で「広報室が忙しくなるから、兼務してほしい」と命ぜられたのだ。そのときには、まさかそんなことが我が身に起きるなどとは、想像すらできなかった。

そして、その日を境に、連日のように事件は報道され、日本の政財界を巻き込んだ一大企業スキャンダルに発展していったのである。

一体何が起きているのか、当事者でありながら、まったくわからない状況だった。

カメラの前で「何もお答えすることはありません」という虚しいコメントを何百回も繰り返した。

僕自身が重く暗い気分に支配されていた。広報室という部署もそんな沈んだ雰囲気に包まれていた。出口の見えない暗闇がどこまでも続いているような感じだった。


そんなとき、友人の家の居間に飾ってあった額縁の中の言葉が、僕を救ってくれた。

「朝の来ない夜はない。君よ、夜明けは近い」

極めて当たり前の言葉だったが、そのときの僕に、このままで終わることはないという希望を与えてくれた。必ず朝は来るのだ、と。

上司が暗ければ、部下も同じように暗くなる。部下に希望を持ってもらうには、まず上司である自分が希望を持たなくてはならない。

今、振り返れば、当然の真理だが、そのときにはわからなかった。その言葉に出合うまでは、気付かなかったのだ。

そこから、うつむくのはやめて、しっかり前を向いていこうと心に決めた。広報室のみんなも徐々に、自分らしさを取り戻していった。

言葉の持つ力というのは、かくも人生を左右するものなのだ。言葉により、人は勇気を持つことができ、知恵を授けられ、困難な道を乗り越えようとする力を与えられる。

この本では、僕自身が、今までの人生の中で、とりわけリーダーとしての役割を全うしようとしたときに、勇気と知恵と力を与えてもらった言葉を集めて紹介している。

ちなみに、調べてみると、「朝の来ない夜はない」という言葉は、『宮本武蔵』などの代表作がある作家、吉川英治の座右の銘だそうだ。

また、「夜明けは近い」というフレーズは、フォークシンガー岡林信康さんの「友よ」という曲の詞の中に繰り返し現れる。

友人宅で見た額の言葉の出典は明らかではない。さらに、僕がメモした段階で、言葉のどこかが少し変わってしまっている可能性もある。

これまでメモしてきた言葉には、いつどこで誰から聞いたものか、不明なものも多い。

「誰が言ったか」よりも、「何を言っているか」のほうが重要だという考え方で、出処の調査が不十分な点は、お許しいただきたい。

では、そんな言葉との出合いを、思う存分楽しんでほしい。

仕事で眠れぬ夜に勇気をくれた言葉●目次

I

挑戦する力が出てくる言葉

一つの扉が閉じれば、
百の扉が開く。

これはスペインの諺である。

新しいビジネスパートナーを探すときや、何でもはじめてのことをやろうとする際に、この諺は覚えておいて損はない。

ひとつの選択に固執せず、目の前に広がっている無限の選択肢に目を向け、前に進むことがビジネスにおいては大切なことである。

この諺を文字通りイメージできれば、ネガティブな思考に陥ることなく、次の行動へとすぐに移れるはずだ。

僕も、「何かを手に入れたいなら、何かを捨てろ」ということを自分に言い聞かせて、いつも新しいことに挑戦している。

逆説的だが、何かを捨てたり、やめたりすると、何かが手に入ったり、始まったりするものなのだ。

ひねらんかい。

以前、業界向け広報誌「ディレクターズマガジン」の編集長をしていたときに、マーケティングの関係でお付き合いさせていただいていたセプテーニという会社の社是である。

「ああ、こういう社是を掲げている会社では、みんな、知恵を出そう、工夫しようと思って仕事をしているんだろうな」と感心するとともに、社員を単なる駒と見なさずに、自分の頭で考える自立した人に育てようという経営者のメッセージが読み取れた。

ありきたりの社是など、社員は覚えていないことが多いものだが、この「ひねらんかい」は、わかりやすく、覚えやすく、しかも深く残るものだ。

サントリーの「やってみなはれ」もそうだが、メッセージというのはシンプルがゆえに、強さを備え持つものなのだ。

ある仕事ができるか？　と聞かれたら、
いつだって「もちろんできます！」と
返事をすることだ。
あとから必死にそのやり方を見つければ
いいのだから。

Whenever you are asked if you can do a job, tel' em, 'Certainly, I can!'. Then get busy and find out how to do it.

第26代アメリカ合衆国大統領セオドア・ルーズベルトの言葉だ。

最近の若い人たちは、何か仕事を頼まれても、「私にはできません」とか、「僕は、それやらない人なんです」と、自分で自分の枠を決めつけてしまい、すぐに断ってしまうことが多い。

本当にもったいない。断ることは自分の可能性をその時点で閉ざしてしまうことになるし、そもそも自分の知っている自分ほど、あてにならないものはないのだから。

頼まれるのには、頼まれる理由があるはずだ。それに応えようとしたほうが、意外な発見があって面白いに決まっている。なにより、依頼した人も気持ちがよくなる。さらに、やったことのない仕事は、必死に勉強するし、結果的にインプットが多く、自分を成長させてくれるのだ。

原語の'Certainly, I can!'は、僕なりに訳すと、居酒屋などで注文を受けたときの「喜んで!」が一番近い感じだ。

最近では、仕事の依頼があると、僕の第一声は必ずこの「喜んで!」だ。大統領の言うとおり、やり方なんて、あとからどうにだってなるものだ。

私たち皆にとって最大の危機は、
高きを目指し失敗することではなく
低きを目指して達成することである。

ミケランジェロには名言が多い。

「些細なことから、完璧が生まれる。しかし、完璧は些細なことではない」

「熟達の域に達するまで、私がいかに一生懸命働いたかを知ったら、人々は私の仕事を素晴らしい仕事とは思えなくなるだろう」

「やる価値のあることは何であれ、はじめは下手でも、やる価値がある」などだ。

とりわけこの言葉が好きなのは、僕自身が、失敗するのを恐れて何もしないよりは、失敗してでも何かをやったほうが、価値があると思っているからだろう。この考え方は、今までどんな組織にいようとも、一貫してメンバーに繰り返し言ってきたことだ。

減点主義では、人は新しいことにチャレンジしなくなる。安易な目標を立てて、できる範囲に安住してしまいがちだ。それでは、成長もなければ、発見もない。

ほめるべき相手を間違ってはならないのだ。

ゴールは常に、次のスタート。

受験コンサルタントであり、精神科医の和田秀樹先生が自らメガホンを握り、監督した映画『受験のシンデレラ』の中のセリフだ。

和田監督から依頼され、僕もプロデューサーとしてこの映画に深く関わった。モナコ国際映画祭で高く評価され、最高賞であるグランプリに輝いた。

富も名声も手にした受験指導のカリスマ塾講師が、末期がんの宣告を受け、最後の使命として、劣悪な家庭環境で自暴自棄になっていた高校中退の女の子を東大に合格させるまでを描いた作品だ。

このセリフは、師から弟子への最後のメッセージで、「合格がゴールではない。新しいステージのスタートだ。受験で身につけた力を、どれだけ発揮できるかで、また次の花を咲かせられるかが決まる」と続く。

仕事や人生についても当てはまる真理だと思う。

チャンスは貯金できない。

アメリカのニクソン大統領時代の国務長官だったヘンリー・キッシンジャーの言葉だ。

チャンスは、目の前に現れたときに、即座につかみ取らなければ、あっという間に消え去ってしまう。迷っている暇などないのだ。

これは、僕の実感でもある。

リクルートの就職情報誌編集長だった僕は、ある日、新聞の求人広告に、「映画プロデューサー募集」という文字を見つけた。転職しようと思っていたわけではない。世の中の求人動向を見ておくことは、編集長の仕事の一環だったのだ。

僕は、コンビニへ履歴書を買いに走り、職務経歴書を書くと、迷わずポストに投函した。

だからこそ、今の自分がいる。チャンスは、「待ったなし」なのだ。

熱狂できぬ者はプロデューサーたり得ない。
人間は命じられて熱狂するだろうか。
それは「血」である。
熱狂する「血」が流れていない者は
プロデューサーになるべきではない。

あらゆる新しいこと、
美しいこと、
素晴らしいことは
一人の人間の熱狂から始まる。

映像制作プロダクション・テレビマンユニオンのプロデューサー萩元晴彦の言葉。映画『戦場のメリークリスマス』（大島渚監督）でプロデューサーを務めた原正人さんから教えていただいた。

そのとき、原さんは、「映画は、監督なりプロデューサーなり、必ず誰かの何が何でも絶対に作り上げるという熱い想いがなければ、決して完成できるものではない」と断言された。

僕は、自分自身の過去を振り返って、おのれの不甲斐なさをえぐられるような気持ちになった。

転職先のギャガが、資金繰りの関係から邦画製作事業からの撤退を決めたとき、当時、製作部門の責任者だった僕は、進行中の映画の企画を中止したことがあった。

現場のプロデューサーのひとりが、「田中さん、何とか別の形でやりましょうよ！」と訴えてきたが、僕は、その熱い想いに応えることができなかった。

その後、僕も彼も会社を辞めた。

実は、僕が中止した作品は、その3年後、別の会社で日の目を見ることになった。最後までこだわっていたプロデューサーが、場所を変えて完成させたのだ。

彼に招待され、試写室で、自分が関わるはずだった映画を見させてもらった。

素晴らしい作品が出来上がっていた。

上映後、ロビーで、そのプロデューサーに「おめでとう」と声をかけ、力強く握手した。「よく頑張ったな」と嬉しく思うと同時に、それ以上の苦さが自分の中に残った。

原さんの言葉に、不甲斐ない自分を振り返ったのは、そういう事情があったからだ。

熱がなければ、何も始まらない。醒めた気持ちからは、何も生まれないのだ。そのことを、改めて思い知った。

これはプロデューサーに限らない話だ。プロデューサーをリーダーという言葉に置き換えてみればいい。

腹の底から会得できないことが
世の中はほとんどである。
だから、適当なところで
結論を出さないといけない。
その説明のできない一種の悟りの境地で
「適当なところ」を見極めることが肝要である。

松下幸之助の言葉で、以下にこう続く。

「一つの問題を突き詰めて議論したら一生かかってしまう。一生かかって、わかった時分にはころっと死んでしまう（笑）。それを議論倒れというんや。半信半疑でも、結論を出さないといかん場合がある」

僕も、ビジネスに正解はないと思っている。最適解や妥当解を自分なりに出して、それで決断を下して前に進むのがリーダーだ。

ビジネスにおいては、スピードが重要なのは言うまでもない。

経営の神様でさえも、半信半疑のまま、決断を下してきたのである。

重要なのは、そのときに引き受けるリスクに対して、過去の経験値による対応方法の引き出しがどれくらいあるかなのだ。

特別なことをするために
特別なことをするのではない。
特別なことをするために
普段どおりの当たり前のことをする。

イチロー選手には、唸らされる言葉が多い。

彼のすごいところは、完全に自責スタンスの世界で生きていることだ。

自責スタンスとは、「自分が行っている行動は、すべて自己の意思決定によるものであり、他人が決めたものではないという強い自責心に裏付けられた姿勢」のことだ。

わかりやすく言えば、自分でコントロール可能な領域にしか、関心を持たないのだ。

元同僚だった城島健司選手が感嘆を込めて言っていたが、イチロー選手は、打った球を「捕れ！」と意識しているのだそうだ。

打ったあとの出来事は、自分では制御（コントロール）できないというのが理由らしい。

捕る捕らないは、相手の選手に任せるしかないからだ。

「抜けろ！」と思って捕られたショックよりも、「捕れ！」と思って抜けたほうが快感になるとのことだ。

そういえば、プロゴルファーの石川遼も、グリーン上で優勝を争っている場合は、相手がパットするときは、「入れてこい！」という気持ちでいると言っていた。

彼もまた、自責スタンスの人間なのである。やはり、ただただ頭を下げるしかない。

新しい技術への挑戦というリスクを
取らない方がリスクは大きい。
この世界では、何もしないことが
一番大きなリスクになる。

オラクルの共同創設者ラリー・エリソンの言葉だ。

リクルートという会社が、徹底した加点主義の会社だったので、この言葉には、まったく違和感がない。

「やるかやらないかで迷ったら、必ずやる」「迷ったら、一歩前に出る（もしくは、手を挙げる）」「会議で、発言しない者は、会議に出る資格なし。発言しなければ、去れ」「無為を罪とせよ」など、何もしないより、たとえ失敗しても、何かをしたほうが評価された。

加点主義の風土を作れるかどうかは、ひとえにリーダーの考え方とそれに基づいた行動にかかっている。

失敗した者を、失敗したという理由だけで一度でも叱ってしまえば、メンバーは誰も挑戦しなくなる。

反対に、価値ある失敗だとほめれば、メンバーは、果敢に挑戦しだすだろう。

意味のない失敗はない。だから、失敗も評価するのだ。加点主義の風土作りは、リーダー次第なのである。

すぐやる、
必ずやる、
出来るまでやる。

日本電産は、創業者の永守重信さん含めて、たった4人でスタートした会社だったが、やがて日本を代表する小型精密モーターメーカーになった。コンピューターのハードディスクを駆動するモーターでは、実は、世界のシェアの70％を占めている。

この言葉は、「情熱、熱意、執念」「知的ハードワーキング」と並ぶ3つの経営哲学のひとつだ。

「ハードワーキング」を標榜するだけに、永守さんの働きぶりはすさまじい。元旦の午前中を除いて、毎日16時間は働くそうだ。

この会社がユニークなのは、新卒採用の試験に、「便所掃除試験」や「大声試験」「早飯試験」「試験会場先着順」などを実施したことがあるからでもある。

僕も、「する」と決めたら、「すぐ、必ず、出来るまで」と自分に言い聞かせることにしている。

決して、あきらめるな、
絶対に、絶対に、絶対にだ。
Never, Never, Never,
Never give up.

第二次世界大戦時のイギリス首相ウィンストン・チャーチルの言葉。

しかし、最後に「絶対に」が3つも続いている。どうしても思いを伝えたかったに違いない。

こんなことをすると叱られるかもしれないが、アニマル浜口さんの口調で、この言葉を言ってみる。最後は「絶対にだぁー!!」と絶叫である。うーん、なかなか、うまくはまるものだ。そういえば、チャーチルとアニマルさん、似てなくもない。あ、失礼。

物事は、あきらめた瞬間に、その可能性は閉ざされることになる。あきらめなければ、0・000……1%であろうとも可能性は残るのだ。

0%と0・000……1%は、決定的に違う。

何かを成し遂げた人は、特別だったわけじゃない。あきらめなかっただけなのだ。

他人と比較して、
他人が自分より優れていたとしても、
それは恥ではない。
しかし、
去年の自分より今年の自分が優れていないのは
立派な恥だ。

イギリスの探検家ラポックの言葉。これも、ただただ頷くしかない。

インプットとアウトプットという言葉を使って、人の成長のことを語ることがある。

多くの働き手はインプットとアウトプットを交互に繰り返しながら成長していく。

新入社員は何から何まで教えてもらいながら、一人前に育ててもらうが、この時期は（本来なら会社に授業料を払ってもいいくらいなのだが）、インプットになる。

やがて、プロの社会人として成長すると、今度は稼ぎを会社にもたらし、それまでの授業料にあたる借金を返していけるようになる。この時期がアウトプットだ。

ただ、ある程度一人前になって、アウトプットの仕事ばかり続けていると、一方的に吐き出すばかりで疲弊し、人は成長しなくなる。だからと言って、インプットばかりが続くと、会社への貢献が少なくなり、お荷物扱いされる。

僕は、理想的なキャリア形成というのは、インプットとアウトプットの両方のバランスを取りながら、価値ある人材に自分を仕立てていくことだと思っている。

新しいことを取り入れることなく、「まあ、このままでもいいか」と成長志向がなくなったときに、人は、輝きを失う。これこそが恥ずべきことなのだ。

いつまで描けば完成なのか？
完成なんてあるのか？

グラフィックデザイナーというより、モダンアートの芸術家横尾忠則さんの言葉だ。

「やっぱり、ゴールなんてないんだな」と改めて思う。

以前、東京都現代美術館に「横尾忠則　森羅万象」展という個展を見に行ったことがある。それこそ、彼の初期の作品から最新作までを展示してあって、圧倒された。

作風が、あるときを境にガラリと変わり、年代によって新しいテーマが現れる。

世界中の「滝」をモチーフにしたかと思うと、「三叉路」の絵ばかりを描き続ける。

「変わること」へのためらいがない。

僕の生き方も一貫性なんてない。やりたいと思った仕事が最優先だ。そういう意味では、潔く転職もしてきた。うん、やっぱり、ゴールなんてないんだな。

振り向くな、
振り向くな、
後ろには夢がない。

学生時代、詩人であり劇作家であり映画監督だった寺山修司の本を片っ端から読んでいたことがある。『ポケットに名言を』という文庫本を、本当にポケットに突っ込んで、大学のキャンパスの芝生に寝転びながら、パラパラ眺めていた。

『田園に死す』のような自伝的作品で、過去への回想をテーマにしていた人にしては、珍しい言葉だ。

確かに、過去には夢は存在しない。

過去は変えることができないが、未来は変えることができる。リーダー論的に言うなら、リーダーは、後ろを振り返って、後悔などしてはならないのだ。常に前を向き、未来の夢を指し示す語り部であらねばならない。それでこそメンバーは育つ。

寺山修司個人は、彼の劇団から多くの人材を輩出した。実生活では、前を向き続けた人なのかもしれない。

人生の中で転機というのは、
偶然の出会い頭というか、
横丁から飛び出してくるのと似てて、
思いもよらぬ方角から
やってくるもんなんですよね。

僕が、転職情報誌「週刊ビーイング」の編集部に異動して、すぐに担当したのが、巻頭インタビューだった。各界の著名人に、その人の転機を聞くのである。

これは、最初にインタビューした俳優の原田芳雄さんの話だ。

工業高校に通っていたのに、たまたま友人に誘われて劇団に顔を出したのがきっかけで、役者の道へ。俳優座に入ったのも、友達の身代わり受験という偶然。演劇から映画の世界へ飛び込んだのも、やはり自分以外の力による偶然が重なった結果だった。

「ひとつの路地を曲がれば、どんな偶然が待ち受けているかわからないけど、いい偶然はどうしても自分の味方につけたいと思うんですよ」

当時の僕は、正直まだこの感覚がピンときていなかった。転職情報誌の仕事をしながら、サラリーマンとして、一度も転職したことがなかったのである。

40歳ではじめて転職して、その後の人生は、偶然による転機の連続だった。

たまたま後輩に出した年賀状が縁で、失業中の僕は、新しい仕事に出合えた。たまたま掛ってきた一本の電話に出られたおかげで、キネマ旬報社の役員になることもできた。たまたま飲み会の席で隣に座った人と意気投合し、研修の講師の仕事を本格的に始めた。

今なら、原田さんの言葉が、自分自身の実感とともに、スーッと体の中に入ってくる。

スタンフォード大学のジョン・クランボルツ教授が発表したキャリア形成論に、「計画された偶発性理論（Planned Happenstance Theory）」という考え方がある。「個人のキャリアの8割は、予想しない偶発的なことによって決定される。偶然を計画的に設計し、キャリアをよいものにしよう」と提唱しているのだ。

そのために僕は、急な誘いは断らないようにしているし、街で知人を見かけたら、自分から駆け寄り、挨拶をしている。パーティでは、必ず誰かと名刺交換しているし、行きと帰りの道を変えてみたりもする。

そんな小さなことから、人生は思わぬ方向に転がっていくからだ。

考え得る最高を常に行なう。

Ｆ１ドライバーのミハエル・シューマッハの言葉である。競争の激しいＦ１界において、結果を出し続けた類いまれな才能の持ち主が言っているだけに、非常に説得力がある。

凡人には、なかなかこれが難しい。

職場においても、どう考えても、60くらいの力しか発揮していない人が見受けられる。もっと力があるはずなのに……と思ってしまう。手を抜いているとまでは言わないが、そういう人たちには、どこか要領よくやって、楽をしようという部分が見え隠れする。

僕は多くの成功者を知っているが、とくに何かに秀でている才能を持っているわけではない。ただ、共通点として、「常にベストを目指し、ベストを尽くす」よう努めていることだけは間違いない。

いくつになっても見習いたいものだ。

「まあ、もうちょっと、行ってみようやないか」
ほんとうに未知なものにむかって進むとき、
人はそんなふうに
自分に対して言うほかはない。

平和運動家で評論家の小田実の言葉。

『何でも見てやろう』という本が、僕の少し上の世代の人たちに支持され、ベストセラーになっていた。僕が中学か高校の頃、兄が読んでいたその本を、ちょっと背伸びして読んだ記憶がある。

「まあ、もうちょっと、行ってみようやないか」という言葉に、リアルさを感じる。

僕も、それまでにやったことのない新しいことに挑戦するときには、「襟を正し、肩肘張って」というよりも、「まあ、やってみますか」という風に、自分に言い聞かせることがあるからだ。

そんな感じで、肩の力が抜けていたほうが、意外にうまくいくものなのだ。道を切り開いていくときは、案外こんなものかもしれない。

最も強い者が生き残るのではない、
最も賢い者が残るのでもない。
唯一生き残るのは変化する者である。

「進化論」の自然科学者ダーウィンの言葉だ。

僕は、「変化する」ということについて語られた言葉が好きだ。自分自身、いろんな意味で、今までに何度も変化してきた。

朝日新聞で「複職時代」というコラムを書いていたときに、その連載中の5年間の間に、所属する会社が3回変わった。紙面上の肩書の変遷回数はさらに多い。

「これからは、ひとつの仕事や組織にとどまらない生き方が求められる」というテーマで、「複職」と名付けたのだが、まさにタイトルを地で行った恰好だった。

原点は、僕を育ててくれたリクルートの社訓にあると思っている。

「自ら機会を創り出し、機会によって自らを変えよ」

この言葉が、常に僕の中心にある気がする。社会人になって以降、ずっと叩きこまれたもので、体に染みついたDNAのようなものになっている。

変わるのには、勇気もパワーも必要だ。時には、恥ずかしさや照れくささを伴うこともある。しかし、変わらなければ、確実に時代に取り残される。

変わらないことは、現状維持ではなく、衰退を意味するのだから。

II

迷いや悩みを乗り越えるための言葉

神様、自分では変えられないことを
受け入れる平静さと、
自分に変えられることは変える勇気と、
そして、その違いがわかるだけの知恵を
お与えください。

映画『バック・トゥ・ザ・フューチャー』で主人公役を演じたマイケル・J・フォックスは、30歳の若さでパーキンソン病にかかり、引退を余儀なくされた。この言葉は、病魔との闘いを告白した自伝『ラッキーマン』の中に出てくる。

病気を隠して演技を続けてきた彼が、ついにはカミングアウトせざるを得なくなった苦悩を経て、たどり着いた心境を吐露した言葉だ。

人は誰でも、変えることのできない現実に思い悩み、いつまでも気持ちを引き摺ったまま、暗闇の中に閉じこもることがある。

しかし、そこからは何も生まれない。

変えられないものを受け入れた上で、変えられることに果敢に挑戦する。

そこにこそ、希望が生まれるのだと思う。

展望は遠く、視野は広く、思考は深く。

人間は、目先のことを狭い範囲で浅薄に考えがちな生き物である。

僕などは、いつもそれでバタバタしてしまう。そんな自分に嫌気がさすことも少なくない。おのれへの自戒の念を込めた言葉だ。

調べると、日清紡績の元社長で、日経連の元会長だった櫻田武の言葉ということだ。

僕は、自分の視野が狭くなっているなと感じたら、高い所にのぼるようにしている。

社会人になったときに、嫌なことがあると、よく隣の駅まで歩いて、その駅に隣接した高層ビルの展望台で、ハンバーガーをランチにしていた。そのときのクセなのかもしれない。

自分なりの切り替え法なのだが、これは気分転換にもなって、おススメだ。

ほんものはつづく、
つづけるとほんものになる。

人に勇気を与える詩「こころにスイッチを」の作者である教育者東井義雄の言葉だ。

そう言えば、こんな昔話を聞いたことがある。

ある片田舎に、有名な陶芸の先生がいたそうだ。あるとき、その先生が病に倒れ、亡くなった。「誰にも知らせず、密葬にすること。あとは私の陶器を売って食べていきなさい」というのが遺言だった。使用人の男は忠実に守った。しばらくは、蔵の中の陶器を町に売りに行って、生活していたが、やがて、それも底をついた。そこで、男は、自分で陶器を焼き始めた。先生のやっていたことを見続けてきたので、見様見真似で焼いたのだ。失敗を繰り返しては、なんとか形になった陶器を町に売りに行った。今までどおりに陶器は売れた。その後も、男は陶器を焼き続けた。自分で納得できない陶器は、割って捨てた。先生の名に恥じないような陶器を作ろうと真剣に取り組んだのだ。やがて、その男は、本物の陶芸家になったそうだ。

これは、「ニセモノも真剣に続けているとホンモノになる」という寓話だろう。

極論すれば、人はみなスタートでは、ニセモノなのだ。最初からホンモノなんて人はいない。続けることが重要なのだ。

夢が遠ざかっているのではない。
自分が夢から遠ざかっているのだ。

よく聞くが、出典不明の言葉である。

人は、歳を重ねると、夢や理想の世界から、まるで足を引っ張られるかのように、現実の世界に引きずり込まれていく。

「しょせん（世の中は……）」や「どうせ（自分は……）」や「そもそも（仕事は……）」など、訳知り顔で、自分より年下の若者に、夢ではなく現実を語るようになる。

10代よりも20代、20代よりも30代、30代よりも40代となるに従って、「夢」の風船はしぼんでいく。そして、それに反比例するかのように「現実」という錘が重くなっていくのだ。

しかし、そうしているのは、他ならない自分であることに気付くべきだ。

夢は、夢のほうから遠ざかることはない。いくつになっても、そのことはしっかり胸に刻んでおきたい。

わたしのまちがいだった
わたしの　まちがいだった
こうして　草にすわれば　それがわかる

詩人八木重吉の「草にすわる」という詩の中の一節だ。

一行目と二行目は、よく見ると違う。

声に出して読むと、この詩に込められた作者の思いが伝わってくるような気がする。

人は、自分が決断したことに対しては、なかなか冷静に振り返れないことがある。おのれの価値観に基づいた判断や自尊心にかけて下した判断ならなおさらだろう。間違いを認めるのは、さほどに難しい。

けれども、気持ちのどこかで何かがひっかかり、違和感が消えないときは、この詩のように「草にすわる」とよいのかもしれない。ふと心の鎧が外れ、素直に受け入れられることもあるだろう。忙しい毎日であろうとも、そんな機会を作ることは大切なことだ。

場所は、落ち着ければどこでもいい。会社の屋上でも、通勤途中にある小さな公園でも。

忙しい状態でいること。
悩みをかかえた人間は
絶望感に打ち負けないために
身を粉にして活動しなければならない。

アメリカの鉄鋼王アンドリュー・カーネギーの言葉だ。

人は誰でも、少なからず悩みを抱えたまま、仕事をしているものだ。しかし、悩みがあるからと言って、それを理由に立ち止まってしまうと、一層深刻な絶望感に襲われることになる。そういうときこそ、多くの仕事を引き受け、忙しく行動することをおすすめする。行動し、人と接することで、解決のきっかけが自然と見つかることがあるものだ。気がつくと、次の展望も開けていたりする。

僕も、思いもしない人事部への配属で、クリエイティブな仕事になかなか就けなかった時期に、その後のキャリアについて悩んでいたことがあった。

そんな心理状態で受講した研修で、ある社内トレーナーから、こう言われた。

「悩むのはいい。いや、大いに悩むといい。ただ、だからと言って、スピードだけは落とすな」

ややブレーキが掛りかけていた僕は、「これではいけない」と、アクセルを踏み込み、再びスピードを上げるよう心がけた。

その研修の個人スローガンが、「悩めるフットワーカー」だ。今でもよく覚えている。

われいまだ木鶏たりえず。

第35代横綱の双葉山は、もちろんリアルタイムには知らないが、僕と同じ大分県の出身で、子供の頃からなぜか大好きなお相撲さんだった。

前人未到の69連勝を続けていたが、昭和14年の一月場所4日目に安芸ノ海に敗れ、3年ぶりの黒星を喫した。ラジオ中継のアナウンサーは絶叫し、館内も大騒ぎになった……にもかかわらず、双葉山は、まったく表情を変えず、普段どおりに土俵に一礼した後、花道を引き揚げていったというのだ。

その日の夜、双葉山は、師と仰ぐ思想家安岡正篤にあてて電報を打った。その電文こそが、この言葉である。

木彫りの鶏のように無我の境地に至らなかった自分を戒め、さらなる精進を誓ったというのだ。

実は右目がほとんど見えなかったという説もあり、少年だった僕にとって、唯一無二の英雄だった。

これでもか、これでもかと頑張って、
一歩踏み込んで、
それでも粘ってもう一踏ん張りして、
もう駄目だと思ってもズカッと踏み込んで、
そうしていると突き抜けるんだ。

完璧主義者で知られる黒澤明監督の言葉だが、この妥協しない姿勢はすごいと思う。この言葉そのものがダイナミックで映像的な表現だから、さらにすごい。

どんなことでも構わない。突き抜けた経験のある人なら、誰もが共感する感覚だろう。仕事でもスポーツでも趣味でも、さらには人間関係でも、ある瞬間に臨界点を超えてしまうと、突き抜けて、別次元に到達することがある。

僕も、情報誌の創刊や映画の制作、イベントの企画など、何度もこれに似た経験をしてきた。

最後の最後の最後の最後まで粘ることだ。すると、何かがポロリと天から落ちてくる。まるで、極限まで踏ん張ったご褒美のように。

人間関係と書いたが、社会人1年目で、リクルーターをしていたときに、リクルートに入社してもらおうと、ある学生を説得したことがあった。

志望企業のひとつに考えてくれていたものの、本人はかねてからの希望だった総合商社と迷い、決めかねていた。十分に企業研究も済んだ段階だった。

僕は、「どっちに行くでもいい、とにかく今日、ここで決めてくれ」と彼に決断を迫った。

饒舌と沈黙が幾度も繰り返され、応接室にふたりして10時間以上も籠っただろうか。

僕は、何度も「わかった。次に会うまで考えて来いよ」と喉まで出かかっていた。しかし、この日は踏ん張った。そして、彼もまた帰らずに踏ん張っていた。

もう窓の外が暗くなっていた。

すると、頭を抱えていた彼が、急にポロポロと涙をこぼしはじめ、「決めきれない自分が悔しいです」と言ったかと思うと、顔をあげ、僕を見据え、「決めました。お願いします」と、頭を下げたのだ。

うまく言えないが、不思議な空気がその場に流れていた。これも突き抜け感のひとつだったような……。

結局、彼はリクルートに入社し、今は独立して、コンサルタントとして確固とした地位を築いている。

小さな出来事だったが、突き抜けるという感覚をこのときはじめて体験したのかもしれない。

理想の人生ラインは、
薄く引いておくとよい。

これは、知り合いの女性から教えてもらった。

僕が、「キャリアは、あまりガチガチに決め込まないほうがいい。たまには、キャリアドリフト（漂流）して、思い切り流れに流されてみるのもいいものだ」と言ったのを覚えていてくれたからだろう。

確かに、女性のほうが男性よりも、結婚、出産、育児などで、計画通りに進まないことが多いのも事実だ。明確な人生設計は、うまくいかなかったときに、落ち込みが激しいので、そうならないためにも、理想の人生ラインは薄く引き、都度、引き直すのだそうだ。ラインを引く、という表現が、いかにも女性らしい。

女性のほうが短いスパンをより濃く走り抜けようとするのは、そういう背景があるからだろう。これからは、むしろそんな生き方を男性も見習わなくてはならないと思うのだ。

問題の一部となるのではなく、
解決策の一部となれ。
Be part of the answer,
not part of the problem.

アメリカの政治家ブエル・ギャラガーの言葉。

批判や論評というのは、誰にでも簡単にできるものだ。つまり、第三者的な評論家のスタンスである。

たとえば、プロゴルファーの石川遼が、ロングホールで2オンを狙って、池越えに果敢に挑戦したとする。結果的に、池にボールが入ってしまった。

たいていの場合、解説者は、アッサリこう言う。

「ここは、やっぱりアイアンで刻むべきでしたね」

しかし、当事者の石川遼は、過去を振り返って悔んだりしない。アマチュアのゴルファーとの大きな違いだ。

彼は、もう靴を脱ぎ、池に入っていき、いかにリカバリーするかに全神経を集中している。

これが、解決策を考える当事者のスタンスだ。

実際に彼は、この状況で見事にリカバリーショットを放ち、逆転優勝したことがある。

彼がプロである所以である。

行動となって現れないような思考は
無用であり、時には有害でさえある。

石川島重工業の元社長であり、第4代経団連会長の土光敏夫の言葉だ。「質実剛健」を絵に描いたような人柄で、行政改革の推進役として、国鉄・専売公社・電電公社の民営化に尽力した。

「ミスター合理化」とも呼ばれたが、本質を捉えた上での合理化は、無駄な慣例を廃すことで新しいものを生み出すために必要な方策だったのだ。

彼自身は自らを「シーダー（種まき人）」と称していた。先の言葉はこう続く。

「行動を伴わない思考は、腐敗を生む。一つの思考を行動に移し、その行動を吟味しながら次の思考を生み出す。そんなスパイラルの中から、生きたアイディアが生まれてくる」

不景気でリスクを避けようと、思考ばかりが先行しやすい現代にこそ、肝に銘じたい言葉である。

誠実にして、
はじめて禍を福に変えることができる。
術策は役に立たない。

江戸時代の農民思想家二宮尊徳の言葉。

週刊誌の編集長だったときの、重要な仕事のひとつにクレーム対応というものがある。いわゆる「謝罪」であり、「お詫び」だ。

編集記事の中に、社名や名前の間違いや電話番号のミスなどが発覚すると、何より最優先で先方にお詫びに行かなくてはならない。

こういうケースでは、あれこれ対策を考えても、仕方ないことが多い。いたずらに策を弄すると、逆に相手の怒りを増幅させることにもなりかねない。

僕の経験上、お詫びは、「誠実で真摯な対応」が最良の方法だ。それ以上の妙案などはない。

それから、お詫びは、それをきっかけに先方と深い人間関係を築くチャンスでもある。

リーダーなら、禍ごとから逃げないことだ。

人々が自分に
調和してくれるように望むのは
非常に愚かだ。

ドイツの詩人ゲーテの言葉である。

職場において、最も面倒で解決しづらい問題は、「人間関係」である。人事がうまく機能していない会社では、多くの時間をこの問題に割かれることになる。もっとも、すべてを人事のせいにできないのが、この問題の厄介なところでもあるのだが……。

ここで覚えておくべきことは、社内の人間関係といえども、ビジネスの一部であり、うまく対応できるかどうかは、その人の能力に依るところが大きいということだ。いっそ、「向こう三軒両隣は顧客だ」くらいに思い、策を練るしかない。

しかし、社内の人間を味方に付けられれば、仕事の90％は成功したとも言えよう。今からでも遅くない、「ひとり人事部」のつもりで、まずは自分の周りの体制を整えよう。

近道したら
近道に潰される。

矢沢永吉さんの言葉である。真っ当でシンプルだ。それだけに強い。

以前、テレビで糸井重里さんと対談していた。そのときも、真っ当でシンプルな言葉が、バンバン出ていた。

「借りたお金は、返そうよ」

「遊ぶ、楽しむは、自分のお金で」

娘に対しては、エアコンがつけっぱなしになっていることを見咎めて、「誰かがお金を払っていることを忘れるな」と説教している。

「お前には、〝苦労知らず〟っていう敵がいる。油断してると、その〝苦労知らず〟が牙をむいて襲ってくるんだ」とも。

「近道したら近道に潰される」か……。本当にその通りだ。ただただ頷くしかない。

毛虫が終末と思う、その形態、
救世主は蝶と名付けた。

『かもめのジョナサン』などで知られるアメリカの作家リチャード・バックの『イリュージョン』の中で語られる言葉だ。

本作の中では数多くの名言が語られている。翻訳したのは、村上龍さんである。

ここで紹介した言葉は、「同じ事象でも、捉え方によっては、まったく別の意味を持つ」ということを表すうまいたとえだ。

あえてビジネスの世界に当てはめてみよう。

どんな会社においても、ある一定年数が経つと、事業内容や人材の面での「過渡期」という混沌とした時期を必ず迎える。

そんな閉塞感も、古くからいる社員にとっては、「終わり」に近づくことだが、新しい社員にとっては、何かの「始まり」の前夜なのである。

III

リーダーとしての心構えになる言葉

勝ったのは我々ではない。
あの百姓たちだ。

黒澤明監督の傑作映画『七人の侍』のラストシーンで、七人の中のリーダー島田勘兵衛がつぶやくセリフだ。

戦国時代に野武士が盗賊と化していた頃、貧しい農村の百姓が、盗賊から村を守るため、七人の侍を雇い、村人たちも一丸となり、盗賊たちの一軍と戦う物語だ。兵力的に圧倒的に不利な状況から、知恵と団結力で、盗賊たちを駆逐し、勝利する。侍のうち4人は戦死するが、村は平和を取り戻し、田植え唄が村中に響きわたる。そこでこのセリフが語られるわけだ。

「我々」というのは、雇われた侍のことで、「組織というものは、リーダーがいくら優秀でも、結局、その組織の大多数である構成員の頑張りがなくては、勝てない」ということを伝えている。

いつの世も、真の英雄は、一兵卒として戦い抜いた名もない戦士たちなのだ。

最高を求め、最悪の事態に備えよ。

英語の諺なのかもしれないが、リクルート時代に、先輩マネジャーから教えてもらった言葉だ。

イケイケ的なノリの会社だっただけに、常に高い目標を追い求めていたが、だからこそ、反対にどんなときでも「最悪の事態を想定して、準備しておけ」ということを叩きこまれた。

不思議なことに、最悪の事態を考えていると、それらに対する対応策が、必ずいくつか頭に浮かんでくるものだ。

「イベントに一人も集客がなかったら……」「新しい情報誌がまったく売れなかったら……」「販売目標に手が届かなかったら……」「納期に間に合わなかったら……」など、そういう「最悪の事態」の発想が、二の矢三の矢という案を用意させることになる。

先を見通す力を鍛えるためにも、活用してほしい。

リーダーの要諦

1. 常に生き生きしている
2. あるべき姿を追い求める
3. 卑しくない

この言葉は、僕が管理職になったときに、直属の上司から教えてもらった。手帳にしっかりと書きとめて、いつも心がけていた言葉だ。

年末に、手帳を買い替えたときにも、真っ先に、手帳の扉のところにメモしてきた。何年くらいメモし続けただろうか。そのうち、覚えてしまったが、それでもしばらくは、メモは忘れなかった。

リーダーとしての心構えの話をするときには、この言葉がいつも自分の頭の中にある。

また、日常の場面でも、よく自問自答する。

「生き生きしているか？」

「あるべき姿を追い求めているか？」

「卑しくなってはいないか？」

僕自身のマネジメント上の基本になっている。

同じ性格の人たちが一致団結しても、
その力は和の形でしか増やせない。
異なる性格の人たちが団結すれば、
積の形で大きくなる。

登山家、南極観測越冬隊長であり、真空管の開発などの技術者でもあった西堀栄三郎の言葉だ。

同質な集団は足し算だが、異質な集団は掛け算という発想が面白い。

以前、ソニーの人材開発室長の方から、「ソニーは、石垣のような組織を目指しています」という人材石垣論の話を聞いたことがある。

「本当に強い組織というのは、形の不揃いな石が集まって出来た石垣のようなもので、同じ形のブロックが集まったレンガ作りの塀は見かけこそキレイだが、脆く崩れやすい」ということだった。

異質な個性が寄せ集まっているからこそ、今までにない新しい発想が生まれるのであって、金太郎飴みたいに、どこを切っても同じような人材ばかりが集まっても、従順な動きはするが、それ以上にならないというのだ。まさに、積（＝掛け算）と和（＝足し算）の違いであろう。

そういう組織論の視点から観ても、前述の『七人の侍』は、非常に面白い作品だ。七人の個性が、バラバラで、だからこそ人数に依らない大きな力を発揮した。

上、三年にして下を知り、
下、三日にして上を知る。

これは中国の古い諺で、人の上に立つ者に対しての強烈なメッセージだ。しかも、真理である。

上の立場の人が、下の立場の人のことを理解するのには、三年もかかるのに、下の立場の人が、上の立場の人のことを見抜くのには、三日もあれば十分という意味である。

それくらい、メンバーはリーダーのことを、部下は上司のことを、厳しい目で観察している。

少しでもブレようものなら、少しでも逃げようものなら、少しでも誤魔化そうものなら、「信頼できない」というレッテルが即座に貼られてしまう。

信頼を勝ち取るには、真正面から全身全霊で、メンバーと向き合うことだ。卑しい姿も見せてはならない。

リーダーは、1ミリたりともブレてはいけない。下の人は、その1ミリをも見逃さないからだ。

あの人がゆくんじゃ、わたしはゆかない
あの人がゆくならわたしもゆく
あの人、あの人
わたしはどっちのあの人か？

相田みつをの詩である。これもリーダーとしてのあるべき姿を問う言葉だ。

何かチームで行動を起こそうと思ったときに、うしろを振り返ったら、誰もいなかったというのでは、あまりにも悲しい。

この人にならどこまでもついていこうと思えるリーダーに共通しているのは、「困難な状況でも何とか打破していこう」という目標達成に対する強い意志を持っていること。目標に対する高い志と情熱である。

それから、リスクを引き受ける覚悟があるかどうかも重要だ。ビジネスに限らず、この世には正解なんてないのだ。自分で出した妥当解や最適解で決断し、前に進むのがリーダーである。

それらの要素があってはじめて、メンバーはリーダーに信頼を寄せる。あなたはどっちの「あの人」か？

職場は、一将の影。

「職場というところは、一人の大将の人格・識見・能力のすべてを表す影である」という意味だ。

「部下は上司の映し鏡」という言葉もあるように、リーダーの存在は、よくも悪くもその部下や職場のあり方を左右し、決定づける。

29歳でリクルートで管理職になったときに、最初に教わったのが、この「職場は、一将の影」という考え方だった。

当時のリクルートは急成長企業で、新入社員の数が1000人という年度もあり、そもそも平均年齢が20代後半で、20代で管理職に昇進することも珍しくはなかった。その新任管理職研修の冒頭で、人事部長がホワイトボードに書いたのが、この言葉である。

今でも鮮烈に覚えているのは、そういう立場に自分が身を置くことになり、気が引き締まったのと、リーダーが職場のあり方を決定づけるのなら、リーダーは自分が何者なのかを明確に知っておかなくてはならないと思ったからだ。

リーダーが変われば、そのチームのカラーも変わる。

リーダーになったから、
リーダーシップを発揮するのではない。
リーダーシップを発揮しているものが、
結果としてリーダーとして認められるのだ。

組織の中の役割というのは、その役割を担ったから、その役割を全うするということもあるが、その役割にふさわしい行動をした人が、結果としてその役割に就いていくことがままある。

忘年会などの宴会の幹事役は、新入社員などの年次の若い人がやらされることが多いものだ。ただ、お店選びのセンスがなかったり、仕切りが悪かったりすると、「あいつは向いていない」ということで、二度と幹事役を命ぜられることがなくなる。逆に、見事にやってのけると、いつまでたっても幹事役をお願いされることになったりする。

つまり、「やれる人がやる」ということなのだ。

リーダーという役割もまったく同じだ。自分が集団をまとめていかなければというリーダーとしての意識を持てば、結果的にリーダーにふさわしい行動をすることになる。

僕は、なかなか昇進できない後輩に、「課長になりたければ、今のうちから課長の仕事をすることだ。課長になったから課長の仕事ができるわけではない。すでに課長の仕事をしている者が結果的に課長になるのだ」というアドバイスをしてきた。「その立場にならないとやれない」というのは言い訳に過ぎないのだ。

人手が多いほうが時間の余裕が生まれ、
いい仕事ができると思われがちですが、
本当は逆で人数が多いと仕事の質は下がるのです。

人間は本来、〝善意の生きもの〟です。
一生懸命仕事をしようとする意欲は誰もが持っている。
だから、人数が多いと本当は必要ないような
余計な仕事まで始めてしまうのです。

セブン&アイ・ホールディングスには、広報部員が10名あまりしかいないという。グループの売上高が約10兆円の規模の会社にしては、圧倒的に少ない数字だ。

たとえば、同じ規模の大手自動車メーカーでは広報部員は100名を超える。業態が異なるとはいえ、この違いは何なのだろう？

そんな質問に対する、セブン&アイ・ホールディングスの前CEO鈴木敏文さんの答えが、この言葉だ。

僕にも経験がある。いろいろな会社で仕事をしてきたが、どこでも現場で要員計画をヒアリングすると、異口同音に「忙しくて、人が足りません」という増員の要請が返ってきた。

では、人を増やせば、その分アウトプットが増えて効率化が進むかというと、結局、人の増加に応じて無駄な仕事ばかりが増えて、生産性が落ちるのだ。限られた人員をどう配置し、何を任せ、どう使うのか、これこそがリーダーの醍醐味でもある。

100の仕事を100人でやるのなら、当たり前の方法しか考えないが、100の仕事を10人でやろうとするからこそ、知恵を絞り、今までになかった発想が生まれるのだ。

時間の守れん人間は、
何をやってもダメだ。

田中角栄元首相の言葉。

「人間が、一生の間で、一番数多くする約束は何か知っていますか?」

僕が新入社員研修で、必ず新人たちに問いかける質問だ。みんな首をひねって考えるが、そんなに難しいことではない。

そう、答えは「時間についての約束」。

出社時間から、会議の時間、打ち合わせの時間、訪問の時間まで、一日の中で時間の約束ほど多いものはない。仕事に限らず、「じゃあ、12時10分にロビーで」というランチの待ち合わせも、約束だ。

遅刻しがちな人は、どこかで時間の約束を軽んじているところがある。それはかなりヤバいことだ。約束を破っているという自覚を持ったほうがいい。

「あの人、いつも遅れるね」と思われているとしたら、その時点で、相当の危機感を持つことだ。

信頼や信用というものは、約束を果たすということの積み重ねからしか生まれない。第一印象だけで、その人を信用することなど、ありえないのだ。

判断を求められたときのチェック項目

1.何を決めるのか?

2.目的は何か?

3.他に方法はないのか?

4.実行したときに不都合はないか?

メンバーから判断を求められたら、リーダーとして決断しなくてはならない局面がある。リーダーは判断から逃げてはならない存在なのだ。

「上の人に確認してから」や「もう少し様子を見て」と、判断を先延ばしにしてしまうようでは、真のリーダーとは言えない。

100%の正解など、ビジネスの世界にはありえない。多くの場合、70〜80%の段階で判断しなくてはならないのだ。あとの20〜30%のリスクを背負うのがリーダーであり、その覚悟も必要だ。

そのためにも、僕が判断の前に必ず確認するのが、この4つのチェックポイントだ。判断を求められたら、メンバーに、このままの表現で問いかけることもある。

そもそも何を決めるのかが混乱している部下もいるし、手段が目的化している場合も少なくない。目的に立ち返らせると、まったく別の視界が開けることもある。他の方法を何も考えていなかったメンバーには、「もう少し考えろ」と突き返すこともある。関連するいろんな立場の人にまで気を配れているかどうかで、深くその問題を検討したかどうかもわかる。

私は断言をしてもよいが、
中立を保つことは、
あまり有効な選択ではないと思う。

権謀術数に優れたイタリアの政治思想家マキアヴェリの言葉である。

「特に、仮想にしろ現実にしろ敵が存在し、その敵よりも弱体である場合は、効果がないどころか有害だ。中立でいると、勝者にとっては敵になるだけではなく、敗者にとっても、助けてくれなかったということで敵視されることがオチだ」と続く。

中間管理職的なリーダーは、その上司と部下の間に立たされることが多い。

しかし、部下の不満に対して、「上の意向だから」と煙に巻いて、中立的な立場に逃げ込むことだけは避けたい。中立的な立場とは、結局いなくてもいいという立場なのだ。

腹を括り、一方の立場に立つことを表明することだ。たとえ、一時的に上下のどちらかと対立したとしても、結果的には、両方からの信頼を得ることになる。

ファクトファインディング
Fact Finding

リーダーは、思い込みで動いてはならない。
目に見える現象を以上でも以下でもなく
厳格に受け止めること。

「ファクトファインディング」も、リーダーにとっては、欠かせない重要な視点だ。

物事は、推測や憶測や仮定や思い込みで判断してはならない。より多くの「事実」を集めることだ。

「田中さん、ちょっといいですか？　○○さんのことなんですが……」

部下から、人間関係の相談ごとを受けることがあるが、そんな場合は、その部下のフィルターを通した情報でしかないから、必ず、もう一方の当事者からのヒアリングを怠らないようにする。それで不十分なら、第三者のメンバーからの情報収集も行うことだ。利害関係のない人のほうが、より「事実」である情報を持っていることが多い。

すべての判断に当てはまることだが、よりどころにすべきは、ありのままの「事実」なのである。

すごい
すてき
ぶれない
ありがたい
こわい

これは、リクルートの先輩が、リーダーに必要な「部下を動かす5つの力」だと教えてくれたもの。

「リーダーのメンバーに対する影響力の源泉」と言ってもいい。それぞれを別の表現に言いかえると、

すごい＝専門性
すてき＝魅了性、人間力
ぶれない＝一貫性
ありがたい＝返報性
こわい＝厳格性、威厳の力

となる。

どれも、本当に必要なものだ。その先輩から、「部下は、本当に上司のことをよく見てるぞ。部下から常に見られていることを忘れるな」とも言われた。

これも自分の中では、リーダーのあるべき姿として、常に自問自答している大切な基準だ。

一年の計は、麦を植うるにあり。
十年の計は、樹を植うるにあり。
百年の計は、人を植うるにあり。

この言葉は、新潟県長岡市に伝わる「米百俵」という話からきている。「米百俵」は、小泉純一郎元首相が所信表明演説で引用し、その年の流行語にもなった。

戊辰戦争で敗れた長岡藩では、藩士たちはその日の食にも窮するどん底に陥っていた。その窮状を見かねた支藩の三根山藩から米百俵が届けられ、藩士たちは一息つけると喜んだ。

藩の大参事小林虎三郎は、贈られた米を藩士に分け与えず、売却して、そのお金で学校を建てると言いだした。納得いかない藩士たちは、虎三郎に詰め寄った。

すると、虎三郎曰く、「百俵の米も、食えばたちまちなくなるが、教育にあてれば明日の一万、百万俵となる」と反対を押し切って、国漢学校を建てた。

やがて長岡中学、長岡病院の母体となり、多くの人材を輩出することになったという話だ。

その中で、「百年の計は、人を植うるにあり」という一節が出てくる。人を育てるということが、いかに重要なのかということを説いているものだ。

実は、この言葉には、個人的な思い入れがある。

リクルートに入社して3年目、僕は、元「週刊朝日」の名物編集長で評論家の扇谷正造先生から、目玉が飛び出るほど叱られたことがあった。

奨学金制度の論文選考委員をお願いしていたのだが、その論文審査の講評の原稿を紛失してしまったのだ。言い訳のできない大失態だった。

後日、社長宛に扇谷先生から長文の手紙が届いた。企業としての人材教育に対する姿勢を問う内容で、その手紙の中で引用されていたのが、件の言葉だった。

正直、社長室から届けられた手紙のコピーを読んだときは、恥ずかしさと情けなさで、いたたまれない気持ちになり、辞表を出すしかないと思い詰めてもいた。

そんな僕に、ある役員が声をかけてくれた。

「キミの失敗じゃあ、会社はつぶれないよ。以後、気をつけること。以上」

このひと言が、僕を救ってくれた。若い頃の失敗談だが、今でも鮮明に思い出すことができる。

そんなわけで、忘れられない言葉なのである。

楽天「成功の5つのコンセプト」

1. 常に改善。常に前進

2. Professionalismの徹底

3. 仮説→実行→検証→仕組化

4. 顧客満足の最大化

5. スピード!!
スピード!!
スピード!!

楽天の企業経営理念である「成功の5つのコンセプト」。こういう補足説明がついている。

1．「常に改善。常に前進」

人間には2つのタイプしかいない。

【GET THINGS DONE】　様々な手段をこらして何が何でも物事を達成する人間。

【BEST EFFORT BASIS】　現状に満足し、ここまでやったからと自分自身に言い訳する人間。

一人一人が物事を達成する強い意志をもつことが重要。

2．「Professionalism の徹底」

楽天はプロ意識を持ったビジネス集団である。勝つために人の100倍考え、自己管理の下に成長していこうとする姿勢が必要。

3．「仮説→実行→検証→仕組化」

仕事を進める上では具体的なアクション・プランを立てることが大切。

4.「顧客満足の最大化」

楽天はあくまでも「サービス会社」である。傲慢にならず、常に誇りを持って「顧客満足度を高める」ことを念頭に置く。

5.「スピード‼　スピード‼　スピード‼」

重要なのは他社が1年かかることを1カ月でやり遂げるスピード。勝負はこの2～3年で分かれる。

僕は仕事柄、いろいろな企業の経営理念を目にする機会が多いが、この楽天の「成功の5つのコンセプト」には、共感する部分が大きかった。とにかく、こうありたいという気持ちがストレートに伝わってくるのだ。

プロジェクトを組むときに大切なことは二つ。
「キーマン」を見つける。
そして、
その人がやる気になるよう「説得」する。
それができれば、
目的は半ば達成したようなもの。

ソニーの創業者井深大の言葉。

スタジオジブリのプロデューサー鈴木敏夫さんが、「プロデューサーの仕事って何なのですか?」という質問に対して、「多くの人を巻き込んで、その気にさせる仕事」とひと言で答えているのを聞いて、大いに頷いたことがある。

僕も映画のプロデュースでは、何をおいてもスタッフ集めから始める。監督と一緒に「撮影監督は誰にするか?」「美術は○○さんに当たってみよう」、「脇役だけど、あの大ベテランの役者さんはどうかな?」など、候補者をリストアップし、まずは作品の内容を説明し、参加してもらえるように口説くのだ。

大手資本ではなく、規模の小さな独立系の作品を手掛けることが多かったので、報酬面では割の合わない仕事が多かっただろうにもかかわらず、結果的に多くの人たちが集結してくれたのは、熱意による「説得」が功を奏したからに他ならない。

撮影が始まるクランクインを映画作りのスタートだと思う人は多いかもしれないが、実はそこまでの道のりがとてつもなく長いのである。そして、キーマンがやる気になってくれさえすれば、どんな困難なことがあってもチームが崩れるということはまずない。

リーダーとは、
「希望を配る人」のことだ。

ナポレオンの言葉である。

人間が生きていく上で、「希望」がいかに大切なものなのか、リーダーは知っておく必要がある。

僕が子供の頃、こんな話を聞かされたことがある。

＊　＊　＊

ある日、少年は旅に出ることになった。

少年はすごく貧しかった。

食べるものもなかった。

母親は、少年にひとつの包みを手渡した。

「この中には、一切れのパンが入っています。旅の途中で、どうしてもお腹が空いてしまったら、食べるんだよ。でも、最後の一切れのパンだからね。最後の最後まで取っておくんだよ」

少年は旅に出た。

辛い旅だった。空腹に負けそうなときもあった。

でも、母の言葉を思い出し、懐にある一切れのパンの包みを触るだけに留め、包みを開けることなく、旅を終えることができた。


旅を終え、食料を得た少年は、はじめて一切れのパンの包みを開けた。

その中から出て来たものは、木のかけらひとつ。

この木のかけらのおかげで、旅を終えることができたのだ。

少年は、母に感謝した。

＊　＊　＊

この物語の包みの中のパンこそが、「希望」である。それが、木のかけらであろうが、石ころであろうが、そんなことは関係ない。

「希望」を持つということ自体が、何よりも大切なのである。

Ⅳ　メンバーのやる気を引き出す言葉

あんたの磨いてるのは、電球やない。
子どもの夢を磨いてるんや。

経営の神様と呼ばれる松下幸之助が、工場でつまらなそうな顔をして電球を磨いていた従業員に熱く語った言葉だ。

「毎日、同じように電球を磨く退屈な仕事ですよ」と愚痴る従業員に対しての、「本読んで勉強してる子どもがおるやろ。そんな子どもらが、夜になって暗くなったら、字が読めなくなって、勉強したいのにできなくなる。そこであんたの磨いた電球をつけるんや。そうしたら夜でも明るくなって、子どもらは夜でも読みたい本を読んで勉強できるんやで」に続くわけだ。

仕事を単なる「行為」と捉えると、ルーティン業務にしか思えないが、その「目的」や「意義」という上位概念で捉えさせると、人のやる気は一気に上がる。

ユニクロは、フリースを売っているのではなく、暖かい冬を売っている――という具合に使うわけだ。

鉄砲玉が遠くまでとぶのは、
方向が限られているからさ。

ロシアバレエ団の創設者であるセルゲイ・ディアギレフの言葉である。

目標が明確になって、それがシンプルであるほど、人はその目標に対して、脇目も振らずに一直線に進んでいくものだ。

僕がリクルートで人事課長をやっていたときに、全社のアルバイト社員の定着率が著しく悪化したことがあった。入社して、半年どころか、2カ月で辞めていくケースも少なくなかったのだ。

理由を調べていくと、「業務が難しくて、やることが多すぎる」という仮説が立てられた。

リクルートでは、アルバイトとはいえ、社員同様に営業目標を持ち、活動をするメンバーが少なからずいたのだが、満足に教育も受けずに、「あれもやれ、これもやれ」と要望されて、受注を期待されるのでは、誰だって「自分には無理だ」と思っても仕方がなかった。

そこで、入社したばかりのアルバイト社員は、すぐに営業職に就けずに、まずは調査職という仕事に就いてもらうことにした。

担当の営業テリトリー内の企業をしらみつぶしに訪問し（社内では、ローラー作戦と名付けた）、とにかくニーズを拾い上げるのが仕事だ。企業の人材採用のニーズがあるかどうか、決定権者は誰か、それだけを徹底的にヒアリングしてもらったのだ。

これだと、キャリアの浅い人でも、アポイントを取って訪問して聞き取るだけなので、数はこなせる。採用ニーズのある会社の情報は、そのまま営業マンへと引き継がれた。結果として、この方法は、見込み客を増やすことになり、大きな成果をあげた。

同時に、調査職を経て営業職へと昇格する道も作り、キャリアステップを実感できるようにもした。

ある程度ベテランになれば、複雑な業務に喜びを見出すが、若い人には、シンプルな目標と指導が肝心だ。

野村克也監督のエピソードに次のような話がある。

これから代打でバッターボックスに立とうとしていた新人に対し、ああだこうだと多くの助言をしていた打撃コーチを見かねて、こう言ったそうだ。

「カーブには手を出すな。以上」

馬を水辺に連れて行くことは、
馬の扱いになれた人間ならたやすい。
しかし、
馬に水を無理やり飲ませることはできない。
馬が自ら水を飲みたいと、
口をつけて飲まないかぎりは。

サッカー日本代表チームのイビチャ・オシム元監督の言葉だ。オシム語録は、哲学的で奥が深くて面白い。数ある言葉の中でも、これはストレートなたとえ話だ。

監督への依存心の強い日本人選手たちに、もっと自分の判断で動ける選手になってほしいという思いから出たものだろう。

いくらリーダーが、メンバーに対して具体的な要望をしても、それをメンバー本人が自ら「やりたい」と望まなければ、人は動かないものなのだ。リーダーの最も重要な役割は、メンバーの「自発的なやる気」を引き出すことである。

中国の古典『孟子』の中に「抜苗助長」というエピソードが出てくる。「助長」の語源になった話である。

苗がなかなか成長しないのを心配した人が、一生懸命に苗を引っ張って伸ばそうとしたが、結局その苗は全部枯れてしまったという内容で、心配だからといって無理に人を動かそうとしても、かえって本人をつぶしてしまうという教訓だ。

優れたリーダーというのは、この「自発的なやる気」を引き出すのが上手な人が多い。くれぐれも、無理やり水を飲ませようとして、メンバーをつぶさないようにしたいものだ。

お母さん。
僕はあなたに褒められたくて、
ただそれだけで、
三十数年駆け続けてこれました。

俳優高倉健が、エッセイ集『あなたに褒められたくて』の中で、母親に対する心情を素直に語っていた。

あのストイックにみえる高倉健でさえ、ほめられたかったのだ。

「お母さん。僕はあなたに褒められたくて、ただそれだけで、あなたが嫌がっていた背中に刺青をいれて、返り血浴びて、さいはての『網走番外地』、『幸福の黄色いハンカチ』の夕張炭鉱、雪の『八甲田山』。北極、南極、アラスカ、アフリカまで、三十数年駆け続けてこれました」

そうだったのかとストレートに心に沁みる文章だ。

人の欠点ばかりを指摘するリーダーより、長所を素早く見抜き、評価し、ほめてくれるリーダーに、メンバーが愛情を感じるのは当然のことだろう。

やっぱり、人はほめられたいのだ。

「すること」、
それを決めることは簡単である。
難しいのは
「しないこと」を決めることだ。

僕の卒論のテーマは、「米西戦争とイエロージャーナリズム」だったが、当時、メディアについての研究を調べていたら、「メディアはメッセージである」というテレビメディア論に突き当たった。それを主張していたのが、英文学者であり文明批評家だったマーシャル・マクルーハンだ。そんな彼の「すること、しないこと」の皮肉めいた言葉が、あと僕のマネジメントの原則になるとは、思いもしなかった。

新部署に着任すると、リーダーは、とかく新しいことに挑戦しがちだ。それ自体は悪いことではない。しかし、やるべきことが増えるだけでは、メンバーは、負荷が大きくなるだけで、やがて疲弊していく。新しいことをやるためには、何かをやめなくてはならない。

僕は、新しい部署では、やめることを明確に決めた。「形骸化した日報はやめよう」「週に3つある会議は、ひとつにしよう」「誰が読んでるのかわからない広報誌は廃刊しよう」などである。

新たに「すること」は、すんなり決まりやすいが、今までやっていたことを「しない」と決めるのには、抵抗も多い。だからこそ、リーダーは覚悟を決めて、大ナタを振るわなくてはならないのだ。

新人に対する心構え5カ条

1.目一杯要望し、出来栄えをほめよ

2.「なぜ？」と問いかけよ

3.何がわかったか復唱させよ

4.宿題を出せ

5.公私にわたって面倒を見よ

僕がリクルートの人事部で、後輩が入ってくるという3年目になったタイミングで当時の人事部長から教えてもらった5カ条だ。

実は、新入社員の11月に、北海道支社に転勤になっていた。支社は、ほとんどが営業セクションのメンバーばかりで、現地採用の社員も多く、スタッフ部門は少人数の所帯だった。しかも、総務・人事担当の正社員は僕ひとりだったのだ。先輩も後輩もおらず、とにかく必死に働いた。

なので、本社に戻り、後輩ができるということが楽しみだったし、この言葉も自分には新鮮だった。

改めて補足の解説は不要だろう。

あれから何人もの新人を迎えたし、今でも新人を迎えるが、そんなときには、必ずこの五カ条の心構えを確認する。僕のスタンダードなのである。

メンバーに対しては、
3年先の本人を想像して要望せよ。

これも、リクルートの先輩から教えてもらった。

メンバーに接する視点として、「3年先のそいつにとって、よかれと思ったことをやれ」という考え方だ。

どうしても目の前のメンバーだけを見てしまうと、要望性が低くなってしまいがちだ。メンバーが目標を外しても、「まあ仕方ないか」とリーダーのほうが、あきらめてしまうことがある。

しかし、3年後のメンバーを想像してみると、現状でやれないことは、当然やれていておかしくないので、いきおい要望も高くなる。

本人にしてみると、厳しいことかもしれないが、こういう接し方が、メンバーの成長を早める。

リーダー自体に、メンバーの3年後という具体的なイメージが湧くから、指導も抽象論ではなく、各論で可能になる。改めて、素晴らしい考え方だと思う。

暗黙知で
人を動かしてはならない。

「暗黙知」を辞書で調べると、「ハンガリーの社会学者であるポランニーが提唱した科学哲学上の概念で、標本の認知や名医の診断のように、明確に言葉には表せないが、科学的創造性を支えている身体を基盤とする知識のこと」だそうだ。うーん、ちょっと難しい。

わかりやすく言えば、「暗黙の了解のもとでの技術などの伝達、共有」だろうか。

もっとわかりやすく言えば、「言われなくても、それくらいわかるだろう」って感じだ。

しかし、マネジメントは、「言われなくても、わかる」世界が通用しないことがある。

この言葉は、ある企業の人事部長さんが、100人近い管理職研修の場で使っていた。

「みんな、卵焼きには、何をかけますか？　多くの人は、醤油かな」

一瞬、何の話をし始めたのかと、オブザーバーだった僕は、身を乗り出した。

「では、目玉焼きには、何をかけますか？」

会場が、ざわついた。

「醤油の人は？　手を挙げてみて」

結構な人数が、手を挙げた。

「じゃあ、ソースの人は？」

ソース派は、醤油派には及ばないものの、それなりにいた。

「塩の人？」

これも、ソースと同じくらいいいる。

「では、ケチャップは？」

笑い声が、聞こえてきたが、それでも、数人が手を挙げた。「へぇ」と驚きの声があがる。

「最後に、マヨネーズは？」

さすがにいないと思われたが、ひとりがさっと手を挙げ、言い訳っぽく、「マヨラーなので」と言うと、会場が大爆笑に包まれた。

「ね。人によって、これだけ、実は違うんですよ。だからね、暗黙知で、部下を動かしちゃいけないんです。よかれと思って部下のお皿に勝手に醤油をかけると、逆ギレされますよ」

わかりやすい話に、感心してしまった。

メンバーの信頼を得るには
挨拶、発見、関心、励まし、助言
が欠かせない。

これは、リクルートの人材開発室長だった人からいただいた言葉だ。

挨拶～毎日、メンバーに親しく挨拶すること。いつも同じ言葉ではなく。

発見～メンバーの得意とすることや、興味を持つテーマを早く発見すること。

関心～どんなときでも部下に対して、真摯な心から関心を示すこと。

励まし～課題を乗り越えようとするメンバーのやる気があがるように、自分の言葉で励ますこと。

助言～メンバーの困っている問題に、進んで助言を与えること。

信頼は、上から押し付けて得られるものではない。命令も尊大さも役には立たない。下から盛り上がってこそ、得られるものなのだ。

大事なのは、重々しいことじゃない。
微笑むだけでいい。人は微笑みで報われる。
人は微笑みで生かされる。
命を捨ててもいい、と思うほどの微笑さえ
あるのだ。

作家であり、軍用機操縦士であったサン＝テグジュペリの『ある人質への手紙』の一節だ。

リクルート時代、僕が心から尊敬する上司がいたが、その人から教えていただいたのが、「プラスのストローク」という考え方だった。

メンバーのやる気を促すには、相手の存在を認め、肯定することから始める必要があり、その際に意識すべきなのが「プラスのストローク」だった。

ストロークとは、働きかけのことで、「承認する」ことはもちろん、「愛情を注ぐ」「信頼する」「関心を示す」などが含まれる。

「愛情の反対語は、憎しみではなく、無関心」という言葉があるが、人間にとって、無視されたり、無関心でいられたりすることが、実は最も悲しく辛いことなのだ。

人は、「関心を持って見られている」というだけで、俄然やる気になったりする生き物だ。それが、まさにストロークという働きかけなのである。

その上司が言うには、最大の「プラスのストローク」とは、「心の底から笑って喜びを分かち合うこと」。リーダーは、常にメンバーへのストロークを意識しなくてはならない。

一日にひとつだけでも
自分の感度を上げる仕事をしなさい。

新人の時に上司に教えられた言葉で、僕はこれを常に意識して仕事をしてきた。

そして、30年以上仕事をしてきた今、このことを留意して仕事している人とそうではない人とでは、結果に歴然とした差が出ることに気付いた。

「感度を上げる」ことの意義が、今ならはっきりとわかる。何も考えずに漫然と仕事をこなすのではなく、少しでも自分のほうに引き寄せて仕事ができるかどうかなのだ。

人からやらされるのではなく、自分から積極的に面白くなるようなやり方を工夫して仕事に取り組む。その結果、アウトプットにはどこか自分らしい成果が生まれる。個性というのは、そんな些細なところに表れる。個性を磨くことを意識させる上でも、とても有効な言葉だと思っている。

部下の名前は、
土瓶の取っ手。

Ⅲの「百年の計は、人を植うるにあり」のところで紹介したが、僕を叱ってくれた扇谷正造先生の言葉だ。叱られて以来、僕は先生の本を何冊も読んだ。

中でも印象に残っているのが、これだ。

「土瓶を運ぶのには取っ手がなくてはならないように、部下を動かすにはその名前を呼ばなくてはならない」という意味である。

名前をうまくマネジメントに活用したのは、ナポレオンだと言われる。

ナポレオンは、戦場で部下の士気を上げるのために、将校以上の名前を徹底的に頭に叩き込んだ。

そして、「レオン・ブルーム中尉、突撃！」と必ず名前を呼び、指揮を執ったのだ。「このキミ」では、敵陣に切り込む気力も萎えるだろう。

部下掌握の第一歩は、部下の名前を憶えることから始まるのだ。

この人心掌握術がうまかったのが、やはりⅢでも紹介した田中角栄元首相だった。

地方に遊説に行くときには、必ずその地元の有力者の名前を頭に入れておいて、「おお、〇〇さん」と名前で呼んだそうだ。呼ばれたほうは、一国の総理大臣から名前を覚えてもらったのだから、感激するのは当然である。

記憶力が驚異的によかったと言われる伝説は、こんなところからきている。

それでも、どうしても思い出せないときには、「えーと、キミ、名前なんだっけ？」と尋ね、相手が「佐藤です」と答えると、「佐藤は知ってるよ。苗字じゃなくて、名前を聞いているんだ」と言っていたらしい。

「あ、太郎です」

「そうそう、太郎、太郎。佐藤太郎だ。で、お母さんは、元気かね？」と続き、あたかも苗字は知っていたかのように振る舞ったそうだ。さすがである。

上司や会社を敵に回して
現場をまとめるな。

誰の言葉かわからないが、僕の個人的なマネジメント上の「べからず集」の中のひとつだ。

現場の下からの意見と会社や上司の上からの意見が対立することはままある。その間に挟まれる中間管理職は少なくない。

こういう状況で、「自分は個人的には賛成なんだけど、会社が反対の決定だから仕方ない」という言い訳をしてしまうリーダーがいる。

これは、単に判断を自分以外の責任に転嫁して、当事者から逃げているにすぎない。これでは、中間管理職どころか、子供の使いである。

リーダーは、しっかりした自分軸を持たなければならない。会社や上司を敵に回すのは、一時的には、楽な言い逃れかもしれないが、結果的に「軸のないリーダー」として、メンバーから見透かされてしまうのだ。

メンバー（部下）の変化に気付くこと

1. 勤怠に変化が出る
2. 投げやりを感じる
3. 多弁、寡黙になる
4. 生活態度が乱れる
5. 残業が増える

これも管理職になったときにメモしてから、ずっと自分の中でひとつの基準になっている指標だ。

メンバーのやる気や気持ちに変化があったときには、必ずその行動にも何かしらの変化が起きる。

病気と同じで、早期発見、早期対処が事態を悪化させない最良の方法だ。早期相談、早期指導につなげて、いい方向へと導きたい。

遅刻や欠勤は、イエローカードへのわかりやすい変化である。約束を破ったり、嘘をついたり、明らかにいい加減なごまかしや言い訳が多くなると、レッドカードだ。服装や持ち物、髪形や化粧などにも変化は表れやすい。言動によって職場で浮いてしまいがちになる。

それらを予知し、感知し、きちんと向き合うことである。見て見ぬふりでは、リーダー失格だ。

「歩」でも、
ひっくり返れば「金」になる。

高校生のときに、『詩と反逆と死』という本を表紙がボロボロになるまで読んでいたことがある。

著者は大宅歩といい、戦後日本を代表する評論家の大宅壮一の長男だった。33歳で夭折するまでに彼のノートに綴られた詩と散文が、田舎の少年にはバイブルのような存在になっていたのだ。

今は、大宅壮一が保管していた膨大な雑誌のコレクションを基に設立された私立の図書館「大宅壮一文庫」のほうが有名かもしれない。

その大宅壮一が、「歩でも、ひっくり返せば金になる」という理由で命名したのが、歩という名前だった。

僕は、このエピソードが好きで、新入社員研修では、まだ海のものとも山のものともつかない新人たちを相手に、この言葉を引用し、「いずれ金になるのを待っているぞ」と期待を込めて言うことがある。

やってみせ、言って聞かせて、
させてみせ、
ほめてやらねば、人は動かじ。

話し合い、耳を傾け、
承認し、
任せてやらねば、人は育たず。

やっている、姿を感謝で、
見守って、
信頼せねば、人は実らず。

連合艦隊司令長官山本五十六の、マネジメントの要諦とも言える、最も有名な言葉。言わずもがなであり、あえて取り上げることもないと思っていたが、あれこれ調べるうちに、やはり、ここで言っておきたいと思うようになった。

一部に、この言葉は、昔ながらの日本型上司の典型で、今の時代では通用しなくなってきているというような論調が見られたからである。

理由として、業務の複雑化、技術や仕事の変化、職場環境の変化などが挙げられていたが、果たしてそうだろうか？

普遍的な真理は、時代や環境の変化を超えて、やはり真理だと、僕は考える。

マネジメントというものは、環境や時代の変化に対応して、最新型が登場するような類いのものではない。

生身の人間と人間の関係から生まれるものであり、それは、長い長い人間の歴史の中で、人々が、あるべき姿を追い求め、悩み、迷い、学んできた結果、出された真理なのである。

なので、あえて書く。古かろうが、人が感情ある生き物であるかぎり、真理は変わらぬであろうから。

V 人生を変えるきっかけになる言葉

人は、どんなに回り道しても、
あとから振り返ると、それは
太くまっすぐな一本道だったと気付くものだ。

知り合いの研修講師から聞いた言葉で、僕もまったく同じ考えだ。

キャリアデザインという考え方は、「未来の自分」という目的地を定め、「現状の自分」という現在地を確認し、その間の道筋を戦略的に描くことである。

自分の人生の目標とも言える目的地に向かって、今いる場所から、進むわけだが、誰もが一直線に最短距離を行けるわけではない。むしろ、行けないことのほうが圧倒的に多い。だからこその人生だ。

僕は、寄り道しても、回り道しても、ジグザグ道でも、たとえ途中下車しても、最終的に目的地にたどり着けばいいと思っている。いや、たとえ目的地にたどり着かなくても、少しでも目的地に近づこうという気持ちこそが大切なのだ。

クリエイティブな仕事を志向していた僕は、社会人人生を人事部への配属という予想もしない配属ショックからスタートした。20代は、人事というどの会社にも存在するありふれた仕事を、どこにでもいるごく普通の人事マンとしてこなしてきた。

また、42歳のときには、失業者としてハローワークで失業給付の申請をする行列の中のひとりだったこともある。

寄り道や途中下車では、人に負けないそれなりの経験もしてきた。それらを経て、今思うのは、「あのときの自分があったからこそ、今の自分がある」ということだ。「人生には何ひとつ無駄なことはない」というのは僕の心の底から素直に出てきた言葉である。

人事部に配属され、最初は気持ちを腐らせていた僕が、それでも転職情報誌の編集長になれたのは、当時の前任編集長が「編集部には編集のプロはいても、人事のプロがいない。だから、中途採用の面接など、リアルに人事業務を経験した人に来てほしかった」と、僕を引っ張ってくれたからだ。まさか人事の経験が、想定外の別の場所で生きるとは思ってもみなかった。雑誌編集長から映画プロデューサーになれたのも、映画会社の社長の「映画を作るのに必要なスキルは、雑誌を創刊するスキルとまったく同じ」という評価があればこそだった。また、失業期間があったからタイミングよく声がかかり、映画関係の広報誌の編集長を務め、その流れで映画雑誌の出版社の経営を任されることにもなった。本当に無駄なことは何ひとつないのである。これは僕の偽らざる実感だ。

今は、寄り道や回り道だと感じることも、きっと将来の糧となり、あとから見れば、太いまっすぐな一本道に見えるはずだ。

人間の感情には喜怒哀楽がある。
これを使って、監督は人を動かす。
だけど、哀だけは必要ない。
哀では人は動かないんだよ。

かつて王貞治さんが読売巨人軍の監督時代に、なかなか結果を出せずに苦しんでいた頃、映画監督の市川崑が言ったコメントだ。

「映画監督でも野球の監督でも、喜怒哀楽の『哀』を除く、3つの感情を激しく表現できる人物こそ、名監督の資質を持っている。王さんは、哀の感情が表に出すぎているのではないか」ということだった。

確かに、長嶋さんの陽に対して、王さんには陰の印象がある。求道者の厳しさや苦境に耐え忍ぶという姿が似合うからかもしれない（ちなみに、ホークス時代の王監督は、2度日本一に輝いている）。

リーダーは、哀を除く喜怒楽でメンバーマネジメントするという考え方は、ユニークな視点だと思う。

哀愁が漂う背中には、女心はくすぐられるかもしれないが、部下はついていかないものだ。

「良いお茶」ではなく、
「伸びるお茶」を買う。

NHKテレビ番組「プロフェッショナル　仕事の流儀」で、茶師の前田文男さんが言っていた言葉だ。

お茶の世界には、「合組《ごうぐみ》」という言葉があって、わかりやすく言えば、いろんなお茶の葉をブレンドして、独自の香りと渋みと色を出すことだ。

お茶には、欠点もあれば長所もあり、ひとつだけを引き立ててもよくならない。異なったお茶の葉を組み合わせることで、それぞれのよさを引き出し、最高のお茶が出来上がる。欠点のあるお茶と欠点のあるお茶を組み合わせると、いいお茶になったりするのだそうだ。

前田さんの「お茶に耳を澄ます」、「お茶が語りかけてくる」というコメントが印象的だった。

そんな前田さんも、若い頃は、いいお茶ばかりを選んで買っていたらしい。

「良いものだけを買って何が悪い?」と言う前田さんに対して、師匠である父から、「お前にはお茶がわかっていない」と、鼻っ柱をへし折られた。

それからは、良いお茶ではなく、伸びるお茶を買うようになった。どんな安売りのお茶も見捨てずに、その茶葉の中から、可能性のある、きらりと光るものを見つけて、世の中に出すのが喜びなのだそうだ。

その姿勢に心打たれた。

僕は、この番組を見ながら、お茶も人材も同じだと、ずっと考えていた。

「見捨てない」「可能性を見つける」「すでに出来上がった人ではなく、伸びる人を採用する」

その通りだ。本当にその通りだと思った。

誰かを批判する前に、
彼の靴で1マイル歩いてみろ。
Before criticizing a man,
walk a mile in his shoes.

アメリカの諺で、「誰かを批判する前に、まず相手の立場になって考えてみるべきだ」という意味である。

相手を批判するのはたやすいが、相手には相手の事情もあるだろう。そんな風に、批判する対象者の立場に立って物事を考えようとするときに、いつもこの言葉が頭に浮かぶ。

いや、正確に言うと、映像が思い浮かぶのだ。

「こんな靴で、歩いていたのか」と思いながら、他人の靴を履いて歩いている自分の映像である。

そういう意味でも、自分を戒めるのに、この諺は、効き目がある。

人の言うことは気にするな。
「こうすれば、ああ言われるだろう……」、
こんなくだらない感情のせいで
どれだけの人がやりたいこともできずに
死んでいくのだろう。

ジョン・レノンの言葉である。

僕は、子供の頃から結構「気にしいやさん」だった。周りの反応をうかがいながら、生きてきたところがあった。でも、自分が思っているほど、他人は他人に関心なんてないものだ。勝手な思いつきで言いっぱなしばかりだったりする。

「他人のことを気にした人生は、自分の人生を生きてることにならない」

そう思った僕は、開き直って、自分の人生を思い切り生きることにした。まあ、「気にしいやさん」の性格は変わらないんだけど。

ジョン・レノンも、それなりに「気にしいやさん」だったのかもしれない。

実は、ジョン・レノンには、名言が多い。

「根本的な才能とは、自分に何かが出来ると信じることだ」「仕事は命がけだ。仕事がなければ、恐れと不安があるだけだ」などである。

本当のところ僕が一番好きな彼の言葉は、これ。

「ビートルズのメッセージがあるとすれば、泳ぎ方を学べということ。それだけ！　そうして泳げるようになったら、泳ぎなさい」

日本から、南米のイグアスの滝を見に行くのは、
簡単なことではない。にもかかわらず、
余命半年だと宣告され、それでも見たかったら、
その滝の前に立つ確率は、グッと高くなる。
「本気になる」ということは、そういうことだ。

ある経営コンサルタントのセミナーに行ったときに聞いた話だ。

続いて、受講者はこんな質問を投げかけられた。

「もし、あなたの最愛の家族が病気になって、その病気を治すために、1億円の治療費がかかるとしましょう。あなたは、自分には無理だとあきらめますか?」

受講者は、みんな首を横に振っていた。

「借金してでも、1億円作ろうとしませんか。そして、その金を作るためには、たまには休みたいなんて言わずに、必死に働くはずです」

今度は、みんな頷いていた。

「本気のつもりで」と言っている人も、「つもり」でしかなく、本気の本気の本気になっていなければ、やっぱり、イグアスの滝は見ることができない。

なんとなく見たいでは、決して実現しないのだ。

年寄りになったからって、
賢くなるわけじゃありませんよ。
用心深くなるだけですな。

アーネスト・ヘミングウェイの小説『武器よさらば』の中に出てくるセリフだ。

僕は子供の頃、大人は、なんて物知りで、判断力があって、何でもできるんだろうと思っていた。

しかし、大人になってみると、そんなことはまったくなかった。未熟な存在だということを思い知ったのだ。

そして今度は、歳を重ねたミドルは、なんて賢明なんだろうと思っていた。しかし、それも幻想だった。

歳を取ると、人は失敗しなくなるのではなく、上手に失敗を避ける術を身につけていくのだ。つまり、やれることしかやらなくなる。省エネモードな生き方を選択するというわけだ。

そこには、失敗もないが、挑戦もない。

挑戦のない人生ほど寂しいものはない。精神の老いは、挑戦しなくなることから始まると僕は思っている。

随所に縁はある。
縁を求めていけば、すべてが自分に
つらなっていることがわかる。
失敗して叱られても、
それを「縁」と思える人は強い。

これも松下幸之助の言葉だ。

「縁」は向こうからやってくるものではなく、「求めていく」ものだと言う。たとえば、ミスや失敗を犯して、こちらが圧倒的に不利な状況でも、先方にどのような対応をするかで、相手との距離がぐっと縮まることがある。

すべてが「縁」だと思えば、初対面の人との挨拶ひとつとっても、気持ちに違いが出てくるだろう。

もし人脈が広がらないと嘆く人がいるとすれば、それはまず自分の行動を省みる必要がある。足もとに、大事な「縁」が転がっていることに気付かないだけかもしれない。

異業種交流会などで、せっせと名刺交換することだけが、人脈作りではない。無理やり作った縁で、追わないと切れる縁は、そもそも薄い縁なのだ。

自分を発見するよろこびも、
人と出会い、響き合い、涙するよろこびも、
目の前に世界がひらけていくよろこびも、
自分の人生を生きる闘いのなかにある。

僕の大学時代の同級生で、リクルートに同期入社した佐々木直彦君の『キャリアの教科書』という本の扉に書かれてあった言葉で、今では、僕の大好きな言葉になっている。

彼は、僕をリクルートに引っ張り込んだ張本人だ。

学生時代に、ある電機メーカーに内定していた僕を、「リクルートも面白そうだから、一緒に会社説明会に行かないか？」と、就職協定による会社訪問の解禁日の前日に誘ったのだ。

ついて行く僕も僕だが、そのおかげで今の僕がある。縁も運も勘も、人生では大事な要素に違いない。

そんな彼は、僕よりずっと早くリクルートを辞めて、コンサルタントとして独立した。

今、こうしてこのような本が書けるのも、実は彼のおかげなのだ。心から感謝している。

一小燈、一隅を照らす。

これは、「一人ひとりが、たとえ小さくとも一隅を照らす生き方を貫くことによって全体が輝き始める」という教えだ。

一人ひとりの意識により、世の中全体が良くなっていくという考えだが、小さな組織でも当てはまる。

リーダーは、相手がどんなにキャリアの浅いメンバーであろうが、彼らが光を発するような環境を作る責務を担っている。

「一燈照隅《いっとうしょうぐう》」の語源を調べると、禅の哲学で著名な安岡正篤（Ⅱで紹介した双葉山が、「われいまだ木鶏たりえず」の電報を送った相手）が、天台宗の開祖である最澄の「山家学生式」にある「一隅を照らす、此れすなわち国宝なり」から引用して、使っていた言葉なのだそうだ。

実は、この言葉が好きなのには、極めて個人的な理由もある。

僕の会社は、プラネットファイブ、つまり「5番目の惑星」という名前なのだが、その由来は、サン＝テグジュペリの『星の王子さま』の中で、王子さまが訪れた5番目の星の住人が、点燈夫（Lamplighter／allumeur）ということからきている。

点燈夫は、「灯りを燈す」ことに一生懸命な〝奉仕と忠実さ〟の人物で、その灯りが星をキラキラ輝かせ、花をぽっかり咲かせる。彼のように、「人の心に灯りを燈す」存在でありたいとの思いから、プラネットファイブという社名にしたのである。

小さくても、誰かの心に灯りを燈すことができ、それが連鎖していけば、きっと世界はもっと輝けるはずだという、ややロマンチックかもしれないが、そんな思いを込めたのだ。

マネジャーに贈る20章

1　マネジメントの才能は、幸いにも音楽や絵画とは違って、生まれながらのものではない。経営の才は、後天的に習得するものである。それも99％意欲と努力の産物である。その証拠に10代の優れた音楽家はいても、20代の優れた経営者はいない。

2　マネジャーに要求される仕事には際限がない。より高い成果を上げるマネジャーは、要求されているさまざまな仕事のうち、一番大事なことから手がける。仕事を受付順にすすめるような人は優れたマネジャーとはいえない。目の前にある仕事の中で一番大切なものは何かをいつも考えていなければならない。

3　社内にしか人間関係を持たないマネジャーがいる。こういう人が会社を動かそうとするようでは、会社はいずれ滅んでゆく。リクルートもまた、社会の一組織体であるから、社外の人々とよい人間関係を保つことが不可欠である。

4　〝上のほうで決まったこと〟をそのままメンバーに事務的に伝えるマネジャーは、メンバーからの信頼と支持は得られない。経営の方針や業務のルールは、マネジャー自身がまず自らのものとしなければならない。そのためには、疑問などがあれば十分に解決しておくこと。その上で自らの方針、考え方をまじえて、メンバーに向かうことが大切である。

5　メンバーをよく理解しようとすることもマネジャーにとって大切なことである。それよりもっと大切なことは、マネジャー自身の方針、考え方、人格までもメンバーに理解させることである。マネジャーとメンバーのよい関係は、深い相互関係から生まれる。

6　優れたマネジャーは、人に協力を求めるとき、〝彼との個人的な親しさ〟によってではなく、〝仕事を良いものにするためには誰に頼むのがベストであるか〟という観点からこれを行なう。誰とでも一緒に仕事が出来るようにならなければならない。

7　マネジメントに携わる人は、２つ以上のことを同時に進められる人でなければならない。ひとつの仕事に熱中しているときは他の仕事が手につかない、といったタイプの人はスペシャリスト向きで、マネジャーには向かない。

8「１０００人分のパーティーの招待者宛名を書きあげ、発送するのに、ひとりでやれば、10日は必要。10人であれば何日かかるか?」。算数で答えは1日だが、経営の現場では、10人でやっても10日かかることもある。人が増えるときには、手順を変えるなり、仕事を変えてゆく必要がある。

9　会議の目的がわからなくて、会議の能率を下げる人がいる。この会議を何のために開いているのか、自分の役割は何か、どのように進めれば会議が効果的になるか、マネジャーはこれらのことをよく把握する必要がある。会議の効率を上げる人と、下げる人では、マネジメントにおいて大きな開きがある。

10　マネジャーの任務は高い業績を上げることにある。そのために、メンバーを動かす権限が与えられている。しかし、仕事を離れたところで、マネジャーが権限を行使することは許されない。

11　経営者が数字に弱ければ、会社はつぶれる。仕事への熱意は十分であっても、数字に弱い人は、優れたマネジャーとはいえない。

12　マネジャーには、コンピューターという有能な部下を使いこなす能力が必要である。コンピューターを駆使して仕事を効率的にすすめるには、コンピューターに関する知識・技能を自らのものとし、同時に日常的に自分自身の手で動かしていなければならない。コンピューターを使えない人は、いずれマネジメントの一員にとどまれなくなる。

13　与えられた時間は誰にとっても同じだ。人が大きな成果を上げるか否かは、その人がいかに時間を有効に使うかにかかっている。経営者は、有効的な時間の使い方を知っていなければならない。

14「政治家には嘘が許されるが、経営者に嘘は許されない」とは、永野重雄氏の言葉である。経済活動はお互いの信頼関係が基盤となっている。一度不渡りを出した経営者が再起することはまれである。言葉や数字に真実味が感じられないマネジャーは、周囲から信頼を得られない。

15 自分のメンバーを管理するにはさして苦労しないが、上長にはどのように対処すればいいのか、と苦労するという管理者が多い。しかし、この問題は自ら積極的に働きかけることで解決してほしい。相互関係を深めること、そして上長の強みはそれを活かし、弱みはカバーしてゆくことによって仕事はなめらかに進んでゆく。

16 〝忙しすぎて考えるための時間がない〟、〝マネジャーはもっと思索に時間を割くべきである〟と主張する人がいる。しかし、仕事と思索を分けて考えることは、あまり意味がない。なぜなら、仕事を前に進めるアイディアや活力の源泉は仕事そのものの中にあるからである。

17　業績と成長は不可分であって、高い業績なくしてマネジャーの成長はあり得ない。マネジャー自身の高いモチベーションが業績を生み、成長を実現するのである。

18　〝もっと期限が先ならば〟、〝もっと人がいれば〟、〝もっと予算が多ければ……いい仕事ができるのに〟と嘆くマネジャーがいる。マネジメントとは、限られたヒト・モノ・カネそしてタイムをやりくりし、それぞれの最大活用を図ることである。経営の成果はつねに、それに投入された経営資源（ヒト・モノ・カネ・タイム・ｅｔｃ）の量との関係で測らねばならない。

19　わが社は永遠の発展を願っているが、それは後継者たちの力いかんにかかっている。

後継者の育成も、マネジャーの大切な仕事である。自分が脅威を感じるほどの部下を持つマネジャーは幸せである。

20　仕事の上では、〝したいこと〟〝できること〟〝なすべきこと〟の三つのうち、どれを優先させて行動すべきであろうか。〝できること〟から手をつけるのは堅実やり方ではあるが、それのみでは大きな展開は図れない。〝したいこと〟ばかりでも問題だ。将来のため、メンバーに今何をなすべきかを見出させ、それがたとえ苦手なこと、むずかしいことであっても挑戦的にとりくんでゆく風土をつくることがマネジャーには求められている。

僕がリクルートでマネジャー職になったときに、当時の社長だった江副浩正さんから贈っていただいた言葉である。長い引用になったが、僕自身のマネジメントについての原点がここにあるという思いから、全文を掲載させてもらった。

何度も読み返している文章だが、読むたびに新しい気付きがある。それだけマネジメントというものは奥深いものなのだ。

おわりに

私事で恐縮だが、僕の父は9年前に亡くなった。九州の大分に独り残された母は落ち込んでしまい、引きこもりのようになってしまった。うちの実家は商売をしていたので、父と母は結婚してからというもの、ほぼ毎日24時間離れることなく一緒にいたことになる。そんな連れ合いが突然いなくなったわけだから、無理もないことだった。

福岡に住んでいる姉が心配して、「しばらくの間、一緒に暮らそう」と母を外に引っ張り出してくれた。結果的に母はそこで立ち直ったのだ。あることをきっかけに。

姉のマンションのトイレの壁には、お寺さんからもらったカレンダーが貼ってあった。

苦しいから逃げるのでなく、逃げるから苦しくなる

この世はいやな事ばかり、それでもやらねばならぬ事ばかり

どうせやるなら喜んでやろう。だって私の人生だもの

これが、そのカレンダーに書かれていた言葉だ。

これを読んだ母は、「このままじゃいけない。だって私の人生だもの」と、開き直ったかのように前向きに変わった。周囲が驚くほどの劇的な変化だった。

この本の冒頭にある「**一つの扉が閉じれば、百の扉が開く**」も、実際に僕がことあるごとに伝えたせいか、その結果、多くの人をポジティブに変えてくれた言葉だ。

ラジオ局の契約を打ち切られたパーソナリティは、キャリアカウンセラーの資格を取得し、自身の新しい可能性を発見した。会社が傾きリストラに遭った知人は、小さな飲食店をオープンさせた。大学受験に失敗した親類の娘は、海外に留学することを決めた。

人生が変わるきっかけは、そういうものである。

たったひとつでいい。この本にある言葉が、あなたの心の中に何かしらの化学反応を起こしてくれたら……。きっと周囲の景色が変わって見えることに気づいてくれるはずだ。

２０１７年４月

田中和彦

田中和彦 Kazuhiko Tanaka

1958年大分県生まれ。一橋大学社会学部卒業後、リクルートに入社。人事課長として、新卒／中途採用・教育研修・能力開発などを担当。広報室課長を経て、転職情報誌『週刊ビーイング』『就職ジャーナル』など4誌の編集長を歴任。ギャガ・コミュニケーションズ／バイスプレジデント、クリーク・アンド・リバー社／執行役員、キネマ旬報社／代表取締役などを経て、現在は、企業の人材採用・教育研修・モチベーション戦略などをテーマにコンサルティングを展開する株式会社プラネットファイブ代表取締役。"今までに2万人以上の面接を行なってきた"人材コンサルタント兼コンテンツプロデューサーとして活躍中。
＊ニュービジネス協議会「人材委員会」委員、国土庁「大都市住民の地方移動促進方策調査委員会」委員、経済同友会「人材委員会」委員、デジタルコンテンツ協会「デジタルコンテンツグランプリ」審査委員／「デジタルコンテンツ白書2005」編集委員などを歴任。
＊「人材の採用・教育・モチベーション戦略」「地域活性・町おこし」「教育問題（進学・進路）」「企業の後継者問題」「エンターテインメントビジネス最新事情」などのテーマで、講演実績多数。原稿執筆・メディアからの取材依頼など多数。

＊この作品は、2010年12月18日に明日香出版社より発行された
『リーダーの修行ノート』を改題・加筆・再編集したものです。

〔装丁〕奥定泰之　　〔DTP〕NOAH

WAVEポケット・シリーズ9

仕事で眠れぬ夜に勇気をくれた言葉

2017年5月26日　第1版第1刷発行

著　者　田中和彦

発行者　玉越直人

発行所　WAVE出版
〒102-0074 東京都千代田区九段南3-9-12
TEL 03-3261-3713　FAX 03-3261-3823
振替 00100-7-366376
E-mail : info@wave-publishers.co.jp
http://www.wave-publishers.co.jp

印刷・製本　中央精版印刷

NDC335 191p 18cm ISBN978-4-86621-064-3